1

Dr. Christian Ferch

Seltsame Gedichte

Aphorismen

Autobiographisches

3

Herstellung und Verlag:
BoD Books on Demand, Norderstedt
ISBN: 978-3-7460-6656-1

Wege

Ick geh jetzt an der Unität
Da jibt et scheene Biicher,
Denn wer nich lesen dät,
jehert fast zu de Viecher.

                    Dezember 1989

Wahnsinn

Dieses panische Entsetzen
     vor der Angst, allein zu sein
      treibt Dich hierhin bald, bald dorthin;
Doch die Angst verschwindet nicht.

Dieses panische Entsetzen
     führt Dich zu den Konformisten,
      die Du "Freunde" nennst;
Doch die Angst verschwindet nicht.

Diese Angst, die Furcht
     verleitet Dich zum Trinken, Feiern,
      alle sagen: Das ist doch normal!
Doch die Liebe, die Du suchtest,
     ist woanders, such doch mal.

                    1989/90

Stehen geblieben

> vor der Kunst der **erotischen** Liebe,
> vor dem Nicht- bzw. Zigarrenrauchens,
> Vor der Gedächtniskirche,
> vor Seite 40 in Hesse's Heumond,
> vor der postödipalen Phase,
> vor der Berufsinformation.
> vor der 13 = 4 + 9   (FB HDK)
> vor dem "Erundibus Artibus Iuventuti"
> vor meinem ersten Aszendenten,
> vor Dir.

06.02.90

Regentropfen, die an Mein Fenster klopfen

Etwas Besonderes, das gibt es nicht;
Was ich erlebt', das will ich nie vergessen -
Das Exclusivste, was es gibt, heißt: schlicht;
Wenn ich das so sehr spür, glaub ich, ich bin BESESSEN!

20.02.90

Hoffnung

Der Mensch ist frei in seinem Sein;
Sein Charisma ist nicht nur Schein.
Er kann die ganze Welt verstehn'
Er muß sie nur mit eignen Augen sehn.

Sobald er merkt: Das bin nicht ich !
Sich fragt: Was ist das eigentlich? ---
Wahrscheinlich nur ein dunkler Trieb!
Hat er sich selber nicht mehr lieb.

Der, der sich selber nicht mehr kennt
Und manchmal andere sein Eigen nennt
Sagt, daß das nun mal so sei;
Doch dadurch ist er nicht mehr frei.

Da waren zwei, die wollten leben,
Jeder für sich nach seinen Zielen streben,
Trotzdem sehr viel zusammen tun;
Und auch mal in sich selber ruh'n.

10.03.1990

Erkenntnis eines Übermenschen

Die Hitze, ach, verdrehte ihr den Kopf, das Herz,

Ich wollte beides   grade biegen,

Doch langsam stellte ich dann fest (mit Schmerz) :

Es kann nicht alles sich zum Guten fügen.

20.07.95/04.08.95

Ich bin kein Berliner

Diese Stadt find' ich beschissen
Hatt' ich mich doch mal verliebt!
Was sie tat - sie hat mich rausgeschmissen
Nun leb' ich, wie's **mir** beliebt!

Wenn denn Kopf und Bauch tun weh
- manchmal läßt sich's nicht vermeiden -
Geh ich schnell woanders hin.
Unser heut'ges Glück, wir beiden,
Läßt mich spüren, daß ich **bin**.

Diese Schmerzen - Kopf und Bauch
Was dazu die Ärzte sagen?
Diagnose? - kann ich auch!
Nein, ich werde nicht verzagen
- Wo's nicht schmeckt, da schmeckt es nicht!
Mich an größ're Dinge wagen
- Manchen Leuten sagt' ich's ins Gesicht.

Manche Schmerzen - Kopf und Bauch
Jene Leute wollten's nicht versteh'n
Standen dauernd auf dem Schlauch
Ja, Kinder, jetzt muß ich gehn.

28.08.95

Schriftliches I

Ich las die Zeilen,
die er schrieb,
Und fand's zuweilen
wahrlich lieb.

Doch wüßt' ich nur noch eins so gern:
Den Ort, die Zeit, Anläßlichkeiten -
Ich würde niemals mit ihm streiten -
Doch dieses hielt er von mir fern.

Den Ort, die Zeit, Anläßlichkeiten?!
Vielleicht wird's mir, s'ist kümmerlich,
Für immer denn ein Rätsel bleiben,
Vielleicht ist's mir erinnerlich.

22.09.95

Schriftliches II

Sie las die Zeilen,
die er schrieb,
Und fand's zuweilen
wahrlich lieb.

Doch wüßt' sie nur noch eins so gern:
Den Ort, die Zeit, Anläßlichkeiten -
Sie würde niemals mit ihm streiten -
Doch dieses hielt er von ihr fern.

Den Ort, die Zeit, Anläßlichkeiten?!
Vielleicht wird's ihr, s'ist merkwürdig,
Für immer denn ein Rätsel bleiben,
Vielleicht ist's ihr erinnerlich.

22.09.95

Der Mann mit dem Koffer I

Der Mann, er kam von nicht weit her,
Und trotzdem war der Koffer schwer.
Er hatte viele Bücher drin,
Und vieles ging ihm durch den Sinn.

Das sah ich seinen Augen an,
Dem schönen, großen schlanken Mann.
Er war voll Anmut, voller Zier,
Da überkam mich bald die Gier.

Der Mann mit Koffer kam herein,
Ich denk', wer könnt's gewesen sein?
Ich denke hin, ich denke her,
Am Ende weiß ich gar nichts mehr.

Drum ich, Professor Doktor Zeck,
Rühr' mich nun niemals mehr vom Fleck.
Die Gier, die hat mich starr gemacht,
Doch so, so war's doch nicht gedacht?!   10.10.95

Dementi an ein Frauenzimmer

Ich sagte nicht,
Ich liebte dich,
Ich sagte nur,
verstehst du nicht,
Die guten Dinge brauchen Zeit
- An manchen Tagen seh' ich licht'
Und ohne dich bracht' ich's nur halb so weit.

Ich bild' mir ein
Ich lebte für die Kunst
- Nie wird mein Leben anders sein
Und später dann vielleicht
Kommt einmal Gunst.

20.10.95

13

Der Mann mit dem Koffer II

Der Mann, er kam von sehr weit her,
Und deshalb war sein Koffer schwer.
Er hatte viele Bücher drin,
Und vieles ging ihm durch den Sinn.

Das sah sie seinen Augen an,
Dem schönen, großen schlanken Mann.
Sie war voll Anmut, voller Zier,
Da dachte er: jetzt bleib' ich hier!

Der Mann mit Koffer kam herein,
Sie dacht', wer könnt's gewesen sein?
Sie dachte hin, sie dachte her,
Am Ende wußt' sie gar nichts mehr.

Drum er, der Mann mit Kofferlast
Tat nun vergessen seine Hast.
Der Abend wurde immer bunter -
Sie hielt ihn durch ihr Lachen munter.

Doch dieser Abend ward' vertagt;
Es kam ein Freund daher, der sagt':
"Wir hörn' jetzt auf zu munkeln,
Wir geh'n jetzt dorthin, wo die Mädels funkeln."

24/27.10.95

Kneipenabend

An einem Tisch, da saßen Leute,
Saßen, tranken und erzählten
Sich vom Leben und von heute -
Von der einstmals Auserwählten,
Von dem Thamus und dem Theute.

Da kam ein Philosoph herein,
Schaute um sich, winkte kurz,
War schon geschafft an Kopf und Bein
- Die Leute waren ihm fast schnurz -
Und dachte bei sich: Was wird sein

Wenn er sich an den Tisch dort setzt?
Die Leute kannten ihn doch kaum
Wird dann vielleicht noch wer verletzt?
Sie - das war eigentlich sein Traum
Auch wenn die andre er versetzt.

So rückt' er dann, zu später Stund'
Ihr immer dichter auf den Pelz
Und sehnte sich nach ihrem Mund.
Sie dachte nur: Na, mir gefällt's!
Und tat dies dann am End' auch kund'.

08./24.11.95

Die Fachschaftsinitiative

Schaut hin, schaut her,
Dort gibt's ein nettes Trüppchen,
Mal weniger, mal mehr
Kocht es sein eignes Süppchen.

November 1995

Das begehrte Fräulein

Der erste denkt,
Der zweite spricht,
Was der dann schenkt,
Dem sagt er's nicht.

Die rote Rose -
Ob sie trifft?
Der dritte zieht aus seiner Hose
Ein peace heraus und kifft.

Der erste fühlt,
Der zweite schreibt,
Der dritte spricht, -
Der andre wühlt
Ob doch mehr bleibt
Als so ein jämmerlich' Gedicht.

27.11.95

Kneipentratsch / Ne Pinte Buntes

Kommende Gäste
Kamen herein und setzten sich

Anschreibende Gäste
Stürzten herein und bestürzten mich

Zahlende Gäste
Kamen herein und unterhielten sich

Ausfallende Gäste
Tobten herum und belästigten mich

Einfallende Gäste
Stürmten herein und wärmten sich

Dauernde Gäste
Blieben manchmal und bestärkten mich

Gehende Gäste
Gingen dann auch und empfahlen sich

28.11.95

Für Katja

Da war doch mal ein Frauenzimmer,
Zierlich, mal possierlich und auch keck.
Sie hatte Zeit, doch auch nicht immer,
Und wenn ich Sehnsucht hatte, war sie weg.

Ich liebte sie,
doch wir uns nicht.
Wenn sie mich fragen täte: Wie?-
Sagt' ich: Sieh's doch auch mal aus Platons Sicht!

CF, 02.12.95

Begegnung

Man trifft sich, und auch
Lernt man sich dann kennen,
Erkennt sich wohl an Kopf und Bauch,
Kann schon ein gleiches Ding beim Namen nennen,
Und dieser Name ist nicht Rauch.

Heißt's nun Bekanntschaft
oder Freundschaft gleich?
Der eine hatte mal viel Kraft,
Der andre war im Kopfe reich,
Drum braute man gemeinsam Saft.

Man lernt sich kennen -
Doch auch nicht... -
Wer weiß? Wie soll man es benennen?
Vielleicht schlicht:
Man sollte sich so schnell nicht trennen.

Der Freund
Hat grad' getroffen
Die schönste Frau der Welt, -
Der Feind
war schon betroffen -
Ob er denn nun dem Freunde
Noch irgendetwas gelt'.

05./06.12.95

Kulturkritisches

Ich komm herein und dann
Stör' ich sie grad beim Fernseh'n
Ich sag nur schnell und kurz: Ich kann
Auch augenblicklich wieder geh'n!

Sie blickt mich fragend an.
Ich sag: dort ist der Knopf!
Sie sagt nur kurz: und dann ? -
Ich denk': Behalt nur deinen eignen Kopf!

Dieser Event nun macht mir klar:
Man sollt' sich immer wieder fragen:
Wie wäre es denn bar
Maschinerei - müßt man sich dann beklagen ?

Ich ruf' sie an, doch sie
Sitzt grade am Computer.
Ich denk mal wieder: Wie ?
Bin nicht auch ich ein Guter ?

Januar

Die Feierei ist nun geschafft -
Man sieht schon erste Sonnenstrahlen -
Hat uns gekostet manche Kraft -
Doch Herzlichkeit half uns bei Qualen.

Und wieder freier wird die Sicht,
Und wieder freier wird das Herz,
Im Geiste wird es wieder licht,
Vorbei ist nun der Heimatschmerz.

Die Sonnenwende schafft Vertrauen -
Die Vorsätze sind schon vergessen -
Man muß schon auf sich selber bauen -
Denn manche davon warn vermessen.

Nun auf denn, liebe Leut' -
Die Sehnsucht nach dem Jugendland -
Es ist nicht gestern, sondern heut'!
Den Menschen in Erinnrung fand.   CF, ~ Januar 1996

Die Kunst ist wichtig

Die Kunst ist wichtig,
Manchmal flüchtig,
Manchmal richtig,
Den Einen macht sie manchmal süchtig,
Dem Andren ist sie wirklich nichtig:
"Realitäten, die sind wichtig!"
Doch wer so spricht, der macht mich giftig.

1996

Liebelei

Es trafen sich mal zwei im Leben,
Sie war'n von unterschiedlichem Geschlecht,
Zwar hat es so 'was schon gegeben,
Doch anders war's, und das zurecht.

Sie kamen vorerst gut zurecht, die beiden, -
Um Eigentliches wurde kaum gesprochen, -
Man wollt' so schnell nicht voneinander scheiden,
Nur: was man sprach, es war gebrochen.

Was sie denn wollt' von ihm,
Sagt' er zu ihr, "sag es geschwind!"
Sie wüßt' es schon, sagt' sie zu ihm:
"Ich sag' es Dir: Schau an mein Kind!"

Doch *seine Arbeit* war sein Kind.
Und sie hat' sie gelesen.
Um es mal so zu sehn, gelind',
Dies ist der Unterschied gewesen.

CF, Sommer 1996

Morgenröte

Wo ist die *Morgenröte*, wo das Licht? -
Verzeiht mir, Herr, ich sag's euch nicht!
Ihr seid doch hier, es selbst zu finden,
Und mal dafür euch auch zu schinden, -
Jawohl, so war's, so klang es an,
Doch so schnell ist das nicht gemacht!
Eur' Hilfe war auf meinem Plan,
Und jetzt steh' ich in dunkler Nacht! -
Seh'n Sie, es ist nicht einfach auf der Leiter,
Doch gibt es ein'ge Wegbegleiter,
Sie schaffen es, es wär' gelacht!

29.05.97

Süden

Es ist noch gar nicht lange her,
Da traf er sie, und ihm wurd' klar:
Mit ihr wär' anzufangen mehr
Als einfach 'rumzutändeln bar
Jedwedem Ernste im Verkehr -
Bei ihr das Kind, das sie gebar.

Er wollt' mit ihr gen Süden fliegen,
Der Weg dorthin war nicht so weit,
Getrost in ihren Armen liegen,
Doch dazu war es nicht die Zeit.

Es anzufangen ohne Klüge,
Ganz einfach so und ohne Strenge,
War ihm, als wär' es Lebenslüge.
Es überkam ihn bald die Bänge:
Er war dann doch im Zeitgefüge.

Dann wollt' er nicht nach Süden fliegen,
Auch so war's ein'germaßen nett.
Trotzdem in ihren Armen liegen,
Sie fanden sich in ihrem Bett.

Da steht er nun, der arme Thor:
Beinah' so frei
Als wie zuvor.   ~1997/98

Don Quichotte

Es war ein Mensch, der hat' das Licht gesehn,
Er ging hinaus, es einzuklagen, -
Die andre Welt, sie war nicht minder schön, -
Er seinerseits wollt' nicht nach fragen.

Das Licht, es hat ihn stark gemacht, -
Manch andrer wollt' ihn nicht verstehn,
Manchmal wurd' er auch gar verlacht,
Dann - augenblicklich - mußt' er gehn.

Dies Licht, es war schon geistiger Natur, -
Doch manchmal unscharf, manchmal klar, -
Und unsichtbar war seine Spur.
Doch oftmals wahr.

Einsam ficht' er, der tapfre Streiter,
Und immer wieder sah er licht.
Ging *seinen* Weg, ging immer weiter,
Denn einen andren gab es nicht. -

Sein Weg, der war schon manchmal schwer,
Und immer wieder sah er licht.
Und oftmals fühlte er sich leer, -
Doch viel weiter - kam er nicht.

1997/98/99

Unbedenken

Und unbedenklich
Leg' ich hier
Mein
Noch blutendes Herz
Auf den Tisch
Der Rede
Und denke,
Dass man mich
Dann besser verstehe
Als zuvor.   1998/99

Stille

Gewiß, ich werde traurig sein
wenn Du gehst.

Es wird Stille sein.

Ich werde dich am Horizont
kleiner werden sehen
bis dich die untergehende Sonne
wegleuchtet
und ohne die Nacht zu brauchen
wieder aufgeht.

Die Stille wird sich
mit Leben füllen
das wieder einmal anders ist
und ich werde dankbar sein
daß es dich gab.   (gefunden in einem Copy-Shop)

Stille II

Gewiß, ich werde traurig sein,
Wenn Du gehst.
Es wird still sein.
Doch mit der Zeit
Wird sich die Stille langsam
Mit neuem Leben füllen
Und vieles wird ähnlich sein
Wie es früher war.
Dann werde ich Dich am Horizont
Kleiner werden sehen
Und werde dankbar sein
Daß es Dich gab.

Liebelei

Oftmals schon fragt ich mich
Ob sie denn nun die richt'ge sei
            und ich
Dacht' oftmals schon, es sei vorbei -

Mal mein' ich: Nein!
Mal weiß ich's nicht.   1998/99

Mein Leben gehört mir

Und immer wieder
kommt
mein Über-Ich
mir
in Form von
Eltern, Lehrern,
oder bekannten Beziehungen
oder Bekannten
in die Quere
und hindert mich,
mein *eigenes* Leben
zu leben.   CF, 22.02.99

Ihr werdet nicht sein wie Gott

Ich zürnte oftmals euch, ihr Götter, ihr!
Zu schnell gebrauchtet ihr das »wir«!
Gott schuf die Menschen nach seinem Ebenbilde.
Doch was führt ihr mit eurem Gehabe im Schilde?

Verstanden wollen zu sein, das mag ja noch angeh'n,
Doch beim Zustimmungs*zwang*, da beginnen die Weh'n.
Ein *Objekt* zu haben, das kann doch nicht sein, -
Damit machtet ihr selber euch statt groß klein.

Anstatt euer eignes Bewußtsein zu klonen,
Solltet ihr lieber die Welt verschonen, -
Gewahr werden, daß es auch *andere* Menschen gibt,
Dann wäret ihr nicht so in euch selbst verliebt.

Wahrscheinlich - so denk' ich - liegt es an mir.
Und wenn's pressiert, find' ich schnell die Tür. -
Doch wenn's dann freundlich wird, dann mach' ich Gedichte
Und schreib damit - meine eig'ne Geschichte.

02./04.03.99

Trinkgelage

Wenn der Vater mit dem Sohne
Einmal Freundschaft spielen will,
Steht der Kampf um Vaters Krone
Erst einmal ein Weilchen still.

Doch muß dann der Vater einsehn:
»Dieser Sohn wird mir zu groß!«
Wird er gar nichts mehr verstehn,
Und sich fragen: »Was ist los?«

»Ich bin doch der Ältre hier,
Und ich habe doch das Sagen!
Und, mein Sohn, ich sage dir:
Du hast hier doch nichts zu klagen!«

»Irrtum, Vater«, sagt' der Sohn,
»Hast du denn nicht schon gelesen ...«
Manchmal scheint ihm dann auch schon:
»Das, was der denkt, ist gewesen!« -

»Ach, geduldig ist Papier!
Du mußt mal an die Praxis denken!
Jetze leben wir und hier!
Wer wird schon *Büchern* Glauben schenken?«

So wird dann, was einmal Freundschaft war,
Zu einem Zwist, ganz offensichtlich, klar.
Und die Moral von der Geschicht':
Trau' freundschaftlichen Vätern nicht!   16.03.99

Herbst

Komm' nun endlich, Herbst,
Bedecke mich mit Deiner Lust der Kühle,
Beschütze mich mit Deiner Kälte,
Umschwärme mich mit Deinen sanften Farben,
Umhülle mich mit Deiner wohlgesonn'nen Einsamkeit.

Denn mit Dir
Hat die Zeit
Der vorschnellen Zustimmungen
Und der Glücks-Hysterie
Endlich ein Ende.
Und mit den Blättern,
Von den Bäumen fallend,
Fallen auch Träume
Von billigem Glück
Einfach zu Boden.

Komm' nun endlich, Herbst,
Verwöhne mich mit Deinen Farben,
Betöre mich mit Deiner Strenge.
Sag' mir, endlich,
Daß ich einsam bin -
Doch nicht allein.

20.10. - 22.11.99

Eigensinn

Man selbst zu sein,
Das ist gefährlich.
Und ich hab' einen Fehler:
Ich bin ehrlich.
Und eben deshalb
Manchem manchmal unbegehrlich.

Sommerzeit

Im Juli ist es dann soweit,
Es ist mal wieder Sommerzeit.
Büros sind leer, die Menschen lachen,
Wer will da schon Geschäfte machen?

Die Straßen laut, der Rasen leer,
Und Trecker fahren hin und her.
Auf schönen Brücken der Asphalt
Ist gleich dem Mann – ein wenig alt.

Und später dann, schaut, was er tut:
Es geht ihm plötzlich wieder gut.
Das Grillen, das war seine Sache.
Herr, mach, dass ich nicht drüber lache.

Zeit, Feuer zu entfachen
Und später dann, die Äste krachen
Im Morgengraun sie nur noch glüh'n
Und Büsche, die nun lila blüh'n.   06.08.02

Goldmunds aufgelöste Verlobung

Du meinst, ich wird' dich nehmen,
Hab's aber nicht im Sinn!
Ich muß mich deiner schämen,
Wenn ich in G'sellschaft bin.

Im Tal der weißen Lilie
Sucht' ich dich seinerzeit,
Dort gab es deiner viele:
Es war noch nicht so weit.

Ich küsste und liebkoste
Der vielen Frauen Mund –
Dir bracht' ich eine Rose
Zur frühen Morgenstund'.

Und wenn der weiße Flieder blüht,
Dann sing' ich dir ein Abschiedslied.
Es war einst wie im Märchen:
Wir waren mal ein Pärchen.

August 2002

Mit Vieren

Der Hofnarr, den du schielen siehst,
Betört die Arbeiter und liest.
Er schreibt Gedichte mit dem Jotter,
Und keilt sich jetzt mit Harry Potter.

Vielleicht – du weißt noch – drei mit Klaus,
Der ging dann aus dem Hause raus.
Der Quaß der hat ne eins gemacht,
Und heute niemand mehr so lacht.

Der Bauer macht jetzt Seminare,
Für ihn und andre graue Haare.
Der Mittwochskreis im alten Wien
Ist dadurch wieder mal ein Spleen.

Ein alter Mann, der schwang die Zither,
Vom Texte weiß ich nur noch Splitter.
Ein andrer macht die Haare nass,
Ich auch, doch einfach mehr zum Spaß.

09.09.2002

Hanna

Deine Augen so klar,
Mal bohrend, mal wahr,
Gewissen weckend,
So liebend (geschenkt),
Heiter und traurig zugleich,
Lassen mich spüren,
Daß ich das Richtige tue.

Dez 2002

Entartetes zum Fest

Wenn Weihnachten ist, wenn Weihnachten ist,
Begegnet uns der ganze Mist:
Leuchtendes funkelt im großen Raum,
Glitzerndes tänzelt am Weihnachtsbaum.

Gesungen wird vor dem Auspacken,
Bevor sich dann die Verwandten behacken:
Vater meint, die Gans war nicht gar,
Sonst war's eigentlich wunderbar.

Hauptsach' wir und die Kinder gesund,
Diesen Herbst gab's nen Familienhund.
So ist's halt mit den Jahren der Ehe ... –
Halt jetzt den Mund oder ich gehe!

Du zerstörst uns das ganze Fest! –
Ja, und dann geb' ich dir den Rest!
Die Kinder sie lauschten bänger und bar.
Frohes Fest dann, bis zum nächsten Jahr!

24.12.02

Würde

Doch siehe:
Würd' der Mensch nichts tragen,
Er könnte dann nicht aufrecht geh'n.
Würd' er darüber klagen,
Er könnte gar nicht weitergeh'n.

11.03.04

Jugend vergeht

Jugend vergeht,
Und man versteht:
Ihr frisches Glück
Kommt nie zurück.

Die alte Sehnsucht scheint verblaßt,
Manch hübsche Tugend schon verhaßt.
Man dünkt sich reifer und auch weiser,
Dabei wird's nur um Einen leiser.

Die Tage frischester Kumpanei
Sind nun für alle Zeiten vorbei.
Noch dankbar für die goldnen Stunden
Dreht man nun einsam seine Runden.

Dort draußen bläst der Sturm der Zeit,
Da mitzumachen ist man nicht bereit.
Und dann, allein, in stillen Stunden,
Dreht man im Geiste seine Runden.

Im Februar 2006

Morgenstund'

Ein Popel kam gekrochen,
Sein Name, der war Jochen,
Er hatte nichts verbrochen,
Und half mir dann beim Kochen,
Der Popel namens Jochen.

28.02.06

Heimat?

Inmitten meiner Laube
Da wimmelt es vom Staube.
Und da ich nichts verbrochen,
Hab' ich mich drin verkrochen.
Mit meiner Friedenstaube.

07.03.06

Im Haushalt

Wäsche waschen,
Geist erhaschen,
Wäsche legen,
Schuhe pflegen,
Bildung naschen.

07.03.06

Der entkommene Sohn

Moi Vadda is Faschist,
Moi Mudda Kommunist,
Und weil das mal so ist,
Bleib ich denn mal Buddhist.   Mai 2006

Friede?

Männer und Frauen
Sollten mal schauen,
Was Macht so macht,
Dass es recht kracht,
Und dann auf sich bauen.   Juni 2006

Hanna

Ich wuß't es genau:
Einst wirst Du zur Frau.
Abseits von Stimmen,
Die Dich bestimmen.
Deine Augen so blau...

                    06.07.06

Sonne

Oh, Heiterkeit:
Es ist soweit,
Ich komm' zu Dir,
So schenk' Dich mir
Voll Lauterkeit.   11.07.06

Altern?

Mit dreißig
Ist man fleißig,
Mit vierzig
Wird man würzig.
Zwar auch ein wenig leise,
Dafür ein bisschen weise.   11.08.06

Glaube

Ruhe finden,
Sich verbinden
Mit der großen heil'gen Kraft,
Welche Einiges für Menschen schafft,
Ohne sich zu winden.   17.09. - 04.10.06

Schriftliches

Ich hoff', es kommt mal Frost,
Dann krieg' ich vielleicht Post,
Von meiner lieben Mutter,
Die weich mich macht wie Butter,
Mit ihrer geist'gen Kost.   27.12.06

Anerzogenes

Mein familiärer Clan
Erzog mich einst zum Größenwahn,
Die Welten zu besiegen
Und manchmal auch zu fliegen;
So war der Plan.
                                             09./10.03.07

Erreichtes

Hier sitz' ich nun auf meinem Thron,
Die Einsamkeit, die ist mein Lohn.
Die Sicherheit zu sichern:
Das macht mich schon mal Kichern:
Ist das gerecht? – Ich denke schon.   27.04.07

Stufen

Die Jugend möcht' die Welt entdecken,
Das Alter sich in ihr verstecken,
Statt sich zu strecken nach dem Throne
Sich auszuruhen auf dem Lohne,
Und mal sich nach dem Himmel recken.   24.05.07

Bekanntschaft

Der Vandersee, der Vandersee,
Der hat schon mächtig ein' im Tee.
Mal mit und auch mal ohne Hund,
Da zecht er noch zu später Stund.
Und wenn bei Etem er sich ausgesprochen,
Dann kommt er leis' nach Haus' gekrochen.

                                        CF, 2012

Schmerzen

Viel Zeit nun ist ins Land gegangen,
Seit ich das Dichten angefangen.
Und siehe da, auch ohne Spießer
Gibt es schon einige Genießer.

Doch hoheitliche Resonanz
Die gibt's nur außerhalb vom Tanz
Der öffentlichen Bühnen:
Das ist die Welt der kleinen Kühnen.

Vom Ruhm gelockt, dann angeschissen,
Hat man sein Herze rausgeschmissen.
Und endlich dann, nach langer Zeit,
Ist man zu Eingeständnissen bereit:

Das Schreiben, fast so ausgemacht,
Ist nur für Einen selbst gedacht.
Der Eine mag's, der andre nicht:
Noch so ein fürchterlich' Gedicht!

22.10.12

Einsamkeit

Der Mond scheint trübe,
Und meine Seele ebenso.
So bin ich langsam müde,
Und nimmer froh.

Doch ist da noch die alte Glut,
Die gibt mir immer wieder Mut,
Das Leben nicht zu lassen,
Es nochmals *neu* zu fassen.

Und dann, in meiner Einsamkeit
Bin ich zu Taten frisch bereit:
Wieder einmal zu schreiben,
Das ist's, das wird mir bleiben.

05.12.12

Einsichten

Auf der Suche meiner Würde
Fand ich dann nichts als Bürde
Aus längst vergangnen Zeiten,
Und diesseits von Freiheiten
Wähl' ich mir die Askese,
An der ich hoffentlich genese

22.11.12

Einmischung?

Ich wollte nicht verstören,
Eigentlich nur betören
Mit meiner geist'gen Litanei
Doch eingeseh'n: Das ist vorbei.
Es werden kommen andre Zeiten
Mit andren, neuen Weiten.

23.11.12

Andenken

Ich denk' noch oft an Dich, Julia,
Einst waren wir uns doch so nah,
Wir hatten wunderschöne Zeiten,
Ich führte Dich in meine Weiten.

Doch nun scheint's damit Schluss,
Das einzuseh'n, scheint mir ein Muss.

Und mit Deiner Liebe
Zerfließt mein Herz... –

05.12.12

Feinde?

Ignoranten:
Dilletanten!
Simulanten,
Spekulanten... –
Schmeißt mir das Pack weg:
Alles nur Dreck!
Ich   fliege zu Gott!   29.05.13

Sorgen

Des Rolands helle Rübe,
Die macht mich schon mal trübe.
Sein' viele Spielerei
Ist mir nicht einerlei.
Was könnte er bewegen,
Würd' er sein' Geist ein wenig besser pflegen.
                                        31.05.13

Danksagung

Die Schwägerin, die Schwägerin
Ist schon 'ne gute Pflegerin,
Und immer noch hat sie ein Ohr,
Das kam mir schon mal selten vor;
So war's, so war's von Anbeginn.

                                        02.06.13

Im Garten

Wenn die Mutter mit dem Sohne
Einmal Arbeit spielen will,
Steht in Mutters wildem Garten
Geist erst einmal ein Weilchen still.

Doch wird dann dem Sohne klar:
»Diese Arbeit tut mir gut!«
Wird so manches Neue wahr,
Und er fasset neuen Mut.

Er, der einst darniederlag,
Der dem Tod ins Aug' geschaut,
Ist nun plötzlich wieder stark:
Mutters Garten hatte ihn erbaut.

28.07.13

Romantik

Der Mond scheint klar,
Und meine Seele ebenso.
So wird denn manches Neue wahr,
Und ich bin wieder froh!

Die Zeiten als ich war besessen,
Von Weibern, Männern und so weiter,
Sind nun schon längst vergessen,
Mein neu Askese macht mich heiter.

Auch wenn ich habe niemand mehr,
Will ich denn nicht verzagen,
Die Einsamkeit, sie ist Einkehr,
Mich zu mir selber wagen.

03.12.13

Pflichten

Auch jenseits von Befindlichkeiten
Gibt es dann doch Verbindlichkeiten,
Die Einem können nützen,
Mehr als gedacht auch stützen,
Anders als Verschwindlichkeiten.

08.12.13

Weihnachten 2013

Drauß' von der Straße komm' ich her,
Und muss Euch sagen, es regnet sehr.
Nicht nur auf den Kirchturmspitzen
Sah' ich silberne Lichtlein blitzen.

So kommt es nun soweit:
Es ist mal wieder Weihnachtszeit.
Zeit, des Herrn Jesu zu gedenken,
Und nicht nur Kinder zu beschenken.

So sind wir heut zusamm' gekommen,
Und eines bleibt uns unbenommen:
Zu feiern dieses heil'ge Fest,
Als kleinen traditionellen Rest.

Nun, Kinder, Eltern, gebt' fein acht:
Ich hab' Euch kaum was mitgebracht.
Doch auch an minimalen [geist'gen] Gaben
Sollt' Ihr Euch froh erlaben.   23.12.13

Wenn Du nicht erschienest

Die Welt wär' ärmer dann um das bisschen Liebe,

Welche durch das geöffnete Fenster meiner Seele fliegen darf...-

Die Welt wär' kühler ohne das Rot,

Das meine Wangen wärmt... –

Die Welt wär' leiser um dies Flügelschlagen,

Des in den offenen Himmel fliegenden Herzens,

Um das Knarren der sperrangelweit geöffneten Türe meiner

Seele... –

Eine kurz vor Leidenschaft bebende Welt

Friert in geordneter Form ein:

Beinahe geometrisch.

CF, frei aus dem Polnischen

(Halina Poświatowska)

Erinnerung

Als man das Glück hatte

Den ganzen Planeten

Jemandes Körpers zu besitzen... –

Und nur eine Ablichtung jenes Moments

Das ist schmerzhaft wenig

Doch vermag es die dunklen Ecken meines Herzens

auszuleuchten.

Maria Pawlikowska -Jasnorzewska

CF frei aus dem Polnischen,   03.05.14

53

Erotologisches

'Frierende' Oberkörper

Begegneten mir… -

Nach einem halben Jahr

Ich dacht: Vielleicht... –

Wie Du mir,

So ich Dir

,Gefallen' sollte... –

Vielleicht war's Zufall nur,

Doch dann bedenke,

Dass ich mein' Kopf und Herz

Nicht irgendeiner schenke.

CF, 29.11.1995 / 29.04.2014

Oh, Mutter

Oh, Mutter:

Schämst Du Dich nicht, mich geboren zu haben?

Was wolltest Du damit erreichen?

Soll't ich nicht nur der gewünschten Tochter gleichen?

Wolltest Du selbst Dich nur laben?

Du wolltest doch eine Tochter haben?

Die – bitte – such' Dir anderswo!

Mit mir – als Mann – wirst' nimmer froh!

Das »echte« miteinander reden,

Denke ich, das ist gewesen... –

So hoffe ich, Du kannst es fassen:

Lieben können, das heißt auch lassen.

(02./03.08.2014)

Für Kalina

Als Christoph einst war interniert,

Hat sich kaum jemand interessiert

Für seine schöpferischen Gaben,

Man wollte sich an seiner Krankheit laben.

Er traf dort mal ein Frauenzimmer,

Zierlich, nicht possierlich, aber keck,

Sie fand schon Zeit für ihn,

Doch auch nicht immer,

Und wenn er Treue wollte,

Ging sie weg.

Sie liebten sich nicht nur am Geist,

Und tobten miteinander Kunst,

Sie waren zueinander dreist... –

Was sie sich schenkten? – Es war Gunst.

08.09.14 – 04.10.14

Ode to Marvin

Oh, Franziskus:

Wie dürstet mich

Nach Deiner Gegenwart,

Deiner kathartischen Rede... –

Unbestechlich

In Geist und Urteil

Wandelst Du ewig

Auf den Spuren der Götter.

CF, 15.01.15

Er war ein Berliner

Einst sinnierte er nach zwanzig Jahren,
Wo denn seine Heimat sei.
Seine Jugendstunden waren
Doch schon ein'ge Zeit vorbei.

Er besuchte brav die Universität –
Das war mehr als Zeitvertreib –
Niemand weiß, wie's ihm heut' geht... –
Einzig Fessel war sein Leib.

Er trachtete zu sein ein städtisch' Kind,
Es zog die Liebe ihn einst her,
Seine Sehnsucht macht' ihn blind,
Sagen, was er *wirklich* liebte, fällt uns schwer.

06./15.02.15

Für Nicole

Oh, schenk' mir einen Strahl
Von Deinem lichten Glanze,
Und kleiner wird die Qual,
Bemerkst Du, wie ich tanze?

Die dunklen Wolken weichen
Von meiner Seele zart,
Gibst Du mir nur ein Zeichen,
Auf Deine eigne Art.

Doch wenn ich so gerührt bin,
Wird's Zeit für mich zu gehn,
Werf keine Träne hin:
Du wirst das schon verstehn!

Der Abschied macht mir Kummer,
Sah in Dein Herz hinein,
Dort fand ich keine Nummer,
Das macht Dich groß statt klein.   03.01.16

Adliges

Ich traf den Graf im Schlafe,

Das war fast wie ,ne Strafe.

Ich wollt' doch mit ihm reden

Über den Garten Eden

Und über's Paradies... –

Sein Schlaf, der macht's uns mies.

08.02.16

Besuch

Der mittelgroße Kutz,

Der redet nicht nur Schmutz.

Doch woll'n wir nicht so prahlen:

Der Kutz, der kann nicht zahlen!

Haut trotzdem auf den Putz.

16./17./21.03.16

Sister act

Als ich noch so verliebt war,
Da war ich so zusagen blind.
Sah Dich nicht wirklich klar,
Nahezu wie ein Kind.

Es tobten in mir Triebe,
Dir einstmals nah zu sein.
Da war schon was wie Liebe,
So unbeschwert und rein.

Es schrie sich an und schimpfte
Das Halbgeschwisterpaar,
Doch ihr Verstand, der impfte
Sie gegen Wollust bar.

Doch nun scheint alles neu,
Sch' ich Dich aus der Ferne,
Zu trennen Weizen von der Spreu,
Distanz, das hab' ich gerne!   11./21.03.16

Erbfolge

Wer nur verneint die Traditionen,

Und nur noch auf sich selber baut,

Der wird dann niemand schonen,

Mit dem, was *er* geschaut.

Schön aufgeklärt und selber denkend,

Glaubt er, sein Denken sei der Weisheit letzter Schluss,

Nur noch sich selbst Vertrauen schenkend,

Wähnt er, es gäb' kein Muss... –

Doch diese alten Herren,

Die sollten sich nicht sperren,

Der Jugend Litanei,

Sonst ist's mit ihrem Geiste

Dann allzu früh vorbei.

26.05.16

Soso

Wenn ich mir eine Schnalle kralle,

Dann hält ein Gürtel meinen Bauch,

Indes, in diesem ganz besond'rem Falle

Ist das schon mehr als Pillepalle,

Denn Hosen halten ohne auch.

18.06.16

Für die Seele

Der Ball ist rund,

Das Spiel dann dauert,

Trikots sind bunt,

Und keiner mauert.

Neunzig Minuten,

Der Käp'tn lenkt,

Und jeder denkt:

»Wir sind die Guten!

Wir woll'n doch hier nicht spinnen,

Wir wollen nur das Spiel gewinnen!«

Und fällt dann endlich mal ein Tor,

Dann geht uns der Applaus ins Ohr.

Ertönt der Pfiff, muss man vom Rasen geh'n:

Das Spiel, es war sooo wunderschön!

CF, 19.06.16

Utopia

Es hat mir einst mein Hirngespinst
Ganz rüde ins Gesicht gegrinst.
Als ich einmal nen Plan gemacht,
Von Friede und vom Paradies,
Hat es mich einfach ausgelacht.
»So ist das halt«, sagt' es ganz fies.
Nun sind mir meine Träume mies.

03.08.16

Ischias und Odyssee

Von Muttern heilig einst geerbt,
Hat sich mein Hintermuskel fest gegerbt.
Was ziepet, schmerzt und auch mal sticht:
Der Muskelkater ist es nicht.
Es ist wie eine Odyssee:
Da tut mir glatt das Ärschlein weh'.
Dem Körper ist's nicht einerlei:
Ach wär'n die Schmerzen doch vorbei!
Sie stör'n beim Kochen und beim Schlafe:
Das scheint des Lasters kleine Strafe.   30.08.16

Teutonisches

Du deutsche Seele ach!

Was denkst Du mit dem Kopfe?

Das Andre war nicht deine Sach',

Du denkst, es wär' schon schlimm,

Wenn's Herz mal an dein Hirnlein klopfe.

So lebt in dir ein Widerstreit

Vom Osten bis zum Westen.

Zu Fühlen bist du nicht bereit,

Und denkst, du wärst vom Besten.

Nun, deutscher Kopf, ach,

Weit bist du so gekommen,

Und Herzen töten, fühlen flach,

Dies bleibt dir unbenommen.

25.09.16

Wanderschaft

Paul lebte einst im Überfluss,

Sehr vornehm, könnt man sagen,

Da traf ihn dann der Überdruss,

Und Stillstand stellte Fragen.

So nahm er dann – im Luxusschmerz –

Sein Hab' und Gut als Beute –

Er machte damit keinen Scherz,

Begab sich unter andre Leute.

Und als er also Wandern tat –

Mit Gottes Gnad' und Güte,

War ihm sein Leben nicht mehr fad:

Sein Geist fand neue Blüte.

25.09.16

Vorbei

Wie Du auch bist, es ist okay.
Die Liebe einst, getarnt als Wahn, -
Sie tut nun gar schon nimmer weh, -
Schlug in mein Leben ihre Bahn.

So wunderbar denn heut' die Nacht,
Ganz finster und doch sternenklar,
Hat sie sich leis' davon gemacht,
Es spricht der Geist jetzt wieder wahr.

Die Sonne geht dann später auf,
Im Herzen scheint ein neues Licht,
So nimmt das Leben seinen Lauf,
Nochmals verzagen mag ich nicht.

24.10.16

Unter dem Tisch

Unter dem Tisch
Da liegt 'ne Dose Fisch,
Sie spricht nicht mit mir,
Und auch nicht zu Dir,
Sie ist nicht mehr frisch.

Unter dem Tisch
Wär' viel zu erfahren
Vom Geiste, dem baren,
Der Kunst, wunderbaren,
Der Weisheit, der klaren
Doch niemand hört zu,
Nicht einmal Du.

Am Fenstersims mein Drachenbaum,

Und siehe da, man glaubt es kaum:

Er wirkt so inspirierend,

Schon auch mal insistierend.

Er stimmt mir zu, ganz schweigend,

Ich hör' ihm zu, mal leidend,

Mal glücklich in Gedanken... .-
Dafür gibt's keinen Franken.

Unter dem Tisch

Da tummeln sich die Emotionen,

Sollt' ich die Welt verschonen

Mit der Persönlichkeit?

Am Ende gibt's noch Streit

In uns'rer kargen Zeit.

Unter dem Tisch

Da liegt der Max Frisch.

Er ist nicht besoffen,

Nur einmal betroffen

Von Identität

Nun ist's zu spät.

Jetzt ist er tot.

Ich hab' meine Not.

CF. 10.02.2018; Dieter Flader zugeeignet.

Geständnis

So langsam kommt man auf den Trichter:

Der Dichter war dann doch ein Schlichter.

Hat seinen Zorn oft festgehalten,

Um ihn mit Reimen zu verwalten.

Nun ist er alt, und kränkelt schon ein wenig.

Sei Ideal: Zerplatzt; er wär' schon gern ein König.

Einst träumt' er vom gelobten Land,

Doch bald in Knechtschaft er sich wiederfand.

Ein Scherg' des Wortes wollt' er sein,

Schon schränkte ihn die Sprache ein.

Und die Moral von der Geschicht':

Trau' unsrer deutschen Sprache nicht!

CF. 24.03.2018

Schicksal

Einst heiß begehrt, doch kaum verehrt,

Dies scheint des Dichters Los.

Wenn er dann mal Gefühle zeigt, sagt' man:

»Geh' doch in Mutters Schoß!«

Doch langsam wird erneuet klar:

Das was der Dichter sprach, ist wahr!

Und kömmet einst die Zeit,

Zu geb'n dem Dichter Brot,

Ist es zu spät: Nun ist der Dichter tot.

26.03.18

Masken

Sind Sie bereit
Zu alter Oberflächlichkeit?
Die Türen zur Person
Sind oftmals zu, das wusst ich schon.

Was offenbar ist,
Spielt die Rolle,
Der seltsam Andere vermisst
Das Fremde dann mit eig'ner Wolle.

Niemand bemerkt den Hintergrund
Von dem grandiosen Spiele.
Ein jeder tut dann kund,
Was ihm so grad' gefiele.

April 2018

Sentimentales

Müde bin ich, geh' zur Ruh',

Schließe meinen Geist nun zu.

Vater, lass die Schelte sein,

Ich bin sowieso allein.

31.05.18

Versuch einer Weisheit

So find' ich mich denn nirgends wieder.

Meine Wurzeln sind zerstört.

Nicht einmal der weiße Flieder

Hat meine Einsamkeit betört.

Die weiße Rose leuchtet hell.

Es geht nicht vorwärts, nicht zurück.

Doch manchmal langsam, manchmal schnell,

Will man dann doch, so Stück für Stück.

Es quält schon mal die alte Stunde,

Und auch einmal ein altes Blatt,

Dann schaut das Herz in manche Wunde,

Doch ist es diesen Kummer satt.

04.07. - 07.07.2018

Anstelle eines Tagebuchs:

Aphorismen

1. Der Preis der Freiheit ist die Einsamkeit.   1987

2. Man sollte das *Müssen* zum *Wollen* machen.   1987

3. Die zwischenmenschliche Höchststrafe ist die Ignoranz.
                                                            1987

4. *Mitleid ist Erniedrigung.*
    Selbstmitleid ist Selbsterniedrigung.
                                                            1989

5. Im Mitleid liegt eine Nuance der Erniedrigung;
    Selbstmitleid hat daher etwas von **Selbsterniedrigung**.
                                                    31.03.89

6. - Doch die größte aller Freuden liegt im *neu* Kennenlernen,
    im *Erkennen*. -   08.04.89

7. Ich lebe nicht, um zu essen,
Ich esse, um zu leben.
Ich lebe nicht, um zu wohnen,
Ich wohne, um zu leben.
Ich lebe nicht, um zu lieben,
ich liebe, um zu leben.

                                        09.10.89

8. Entweder »ich persönlich« oder »Es«.
Dazwischen sollte jeder Mensch wählen:
Entweder Konformität oder *absolute* Einsamkeit.

                                        01.11.89

9. Um die Gesellschaft zu verstehen,
muß man sich von ihr trennen.

                                        10.11.89

10. Männerfreundschaft: toll!
Männer*liebe* ist jedoch
                    verhängnisvoll!

                                        26.11.89

11. Es ist ebenso falsch, in der Liebe Freundschaft zu suchen,
wie in der Freundschaft Liebe.

                                        27.11.89

12. Frauen sind an Realitäten klebend
Männer zwischen Gut und Böse schwebend.

                                        27.04.90

13. ECHTE KUNST
    ist die *nicht* sublimierte CREATIVITÄT.
    In ihr verschmelzen Emotionalität und Intellekt.
    (Körper und Geist)   26.02.90

14. *Echte* Freundschaft ist wie Liebe. -
    Darf man seine Freunde *lieben* ?   1986/1996

15. Der Bedarf an Psychologie wird enorm gesteigert,
    wenn sich einer die Pragmatik einzuhalten ständig weigert.
                                          17.04.96

16. Ihr wollt mich angreifen? Wie? -
    Wenn, dann tut es geistig. Versucht es!
                                          1996

17. Liebe heißt: *Alles* wissen wollen, *Alles* erzählen wollen. -
    Wie?
    Gibt es keine 'reife' Liebe?   1989

18. Man kann das "Eigentliche" nicht immer fassen. -
    Denn: Es ist flüchtig.
                                          09.05.1996

19. In schwachen Persönlichkeiten verliere ich mich.
    In starken kann ich mich spiegeln.
                                          1989

20. Endlich - von allen 'guten' und 'bösen' Geistern verlassen -
    kann ich selber zu denken anfangen.
    (Wer war Descartes?)   Juli 96

21. Wer spricht, die Philosophie sei tot,
ist selber schon gestorben.   30.07.96

22. Auch *alte Hüte* halten den Regen noch ganz gut ab.
                                               29.10.96

23. In der Tiefe liegt die Wahrheit,
in der Ruhe liegt die Kraft;
Was tun gegen Einsamkeit? –
Ab und zu 'ne Leidenschaft.   ca. 1992

24. Ein Standpunkt ist noch lange kein roter Faden.
                                               03.12.97

25. Die Leinwand ist nicht dazu da, sie weiß zu lassen,
sie ist dazu da, sie weiß zu machen.
                                               Dez. 1997

26. Die Menschen, die ich liebe, sollen *wachsen*.

27. Des Einen Scherz, des Andren Schmerz.
oder:
"Des Einen Freyd, des Andren Leyd."   ca. 1990

28. Lieber ein *rechter* Rechter als ein *linker* Linker;
Zugeständnis:
Lieber ein *rechter* Linker als ein *linker* Rechter.
                                               Juli 1998

30. Lieber beschlagen als behämmert sein.
                                               Januar 1999

31. Geben ist seeliger denn *Sich-Nehmen-Lassen.*

                             Januar 1999

32. Einsamkeit ist die Wiege der Kreativität.

                             26.07.99

33. Kain Tag ist All-Tag.

                             4. 01.2000

34. Was ich sein will? - Keinesfalls der Menschen Feind,
aber auch nicht ihr *bedingungsloser* Freund!

                             14.02.2000

35. Man sollte seine Krücken nicht zerbrechen: Denn man
braucht sie noch!

                             ~23.08.2000

36. Der Weise beherrscht nicht die Situation,
sondern sich selbst.   04.09.00

37. Man kann nicht aufräumen,
denn Erinnerung ist unvergänglich.   19.02.01

38. Wer auf Orakel zählt, hat den Übermenschen längst
verraten.   16.03.01

39. Die Schrift: Lieber geklemmt als gekeilt.

                             September 02

40. Zur Selbstverteidigung gezwungen,
wird man schnell zum Menschenfeind.

                             Oktober 2002

41. Lieber sich selbst verraten als andere? –
     Man muß tun, was man tun muß!

                                        Oktober 2002

42. Der wahre Künstler spaltet.   Dezember 02

43. Jedem Menschen fehlt etwas.   Dezember 02

44. Nicht jeder ist auf der Suche
     nach dem Sinn des Lebens.   Februar 03

45. Es gibt kein Es.   April 03

46. Die Frage ist, ob wir jetzt schlauer sind.

                                        März 04

47. Der Mathematiker wird nie Skeptiker sein können:
     für ihn gibt es nichts außer wahr und falsch,
     und keine dritte Möglichkeit,
     ja keinen Kompromiss und keine Zwischentöne.

48. Eigensinn hat seinen Preis.   14.03.04

49. Der Preis der Kultur ist die Entfremdung.   24.03.04

50. Das Zynisch-Melancholische gehört zum Geist
     wie die Mutter zum Kinde.   17.08.04

51. Wenn man zu sehr mitmacht, hat man selbst Schuld.
                                        25.08.04

52. Jedes Bild stellt auch eine Frage.   07.10.04

53. Wahre Worte sind paradox.
Wahre Menschen sind ambivalent und widersprüchlich.
29.12.04

54. Sich um Dinge zu scheren,
die man selbst nicht ändern kann,
ist schlichtweg Dummheit.
03.01.05

55. Wenn der Vogel den Frosch küsst,
kommt meist nichts Gutes dabei heraus.
01.02.05

56. Nichts *ist*.
11.03.05

57. Effekthascherei ist ein letzter, vehementer und
verzweifelter Versuch, sich der Herde anzupassen.
23.03.05

58. Viele Menschen versuchen sich selbst dadurch
hervorzuheben, daß sie Schwächen anderer erwähnen.
Einige wenige haben das nicht nötig.
~ 1989
notiert 11.04.05

58. Wenn der Vogel den Frosch küsst,
denkt der gleich, er könne fliegen.
11.04.05

60. Jeder muss lernen, niemand ist fertig.
18.04.05

61. Weise zu sein bedeutet,
auch die eigene Beschränktheit mitzudenken.
19.04.05

62. Regelmäßig von Andern zu viel erwarten:
Auch das ist eine Form der Menschenliebe.

22.04.05

63. Der Blick für's Wesentliche
ist auch eine Art der Hygiene.　　　02.05.05

64. Hohe Ansprüche fordern Niederlagen heraus.

17.05.05

65. Der Geist ist ein gehetztes Wesen:
Die Wirklichkeit jaget nach ihm, ihn zu töten.

01.07.05

66. Nichts ist Nichts.　　　01.07.05

67. Dichotomien machen das Fühlen einfach.

01.08.05

68. Wahre Liebende vermeiden Schmeicheleien.

16.08.05

69. Liebe ist erholsamer denn Schlaf.　　　25.08.05

70. Je höher die Nase, desto bereiter die Kehle zum Schlitzen.

30.08.05

71. Lieber Nase vorn als Nase oben.　　　12.09.05

72. Selbstbewusstsein und Egozentrismus
gehen oft Hand in Hand.　　　07.10.05

73. Lieber lebendig in der Vergangenheit leben
    als tot in der Gegenwart.   05.12.05

74. Der Grund der Liebe sei der Geist.   02.01.06

75. »Ich hab' genug!« - Was mag dies bedeuten?
                                             13.01.06

76. Lasset mich sein.   20.01.06

77. Destruktive Kritik ist oft *Neid der Besitzlosen.*
                                             1989

78. Konvention suggeriert Bedeutung.
                                             06.05.94

79. Den ganzen Menschen sieht nur Gott.   12.02.06

80. Überlegen macht überlegen.   22.02.06

81. Der Mensch braucht Symbole,
    Traditionen und Rituale, gleich, welcher Art.
                                             22.02.06

82. Wie oft schon ist Pathos
    pathologisch interpretiert worden? -
    Gibt es kein Mitgefühl für freie,
    manchmal fliegende Geister?   15.03.06

83. Erst wenn man es soweit gebracht hat,
    man selbst zu sein, kann man auch lieben.
                                             30.03.06

84. Der Frauen Hässlichkeit bemerken, heißt:
Ihren Geist begreifen.   30.03.06

85. Wer in der Höhe fliegt,
muss die Kälte dort ertragen.   03.04.06

86. Frauen verleugnen ihre Sexualität,
Männer ihr Gefühl.   ca. 1989

87. Eine Rolle zu spielen, ist wichtig,
in zweierlei Hinsicht.   25.04.06

88. Gänzlich frei ist erst,
wer auch von sich selbst freigekommen ist. 28.04.06

89. Nicht die Anderen unterwerfen, sondern sie achten,
ohne sich selbst zu unterwerfen, macht selig.
04.05.06

90. Lieber schwermütig als übermütig.   29.05.06

91. Nicht alle Fragen benötigen eine Antwort. 01.06.06

92. Melancholie ist besser als Verzweiflung.   05.06.06

93. Kämpfen heißt sich unterwerfen.   05.06.06

94. Wissen und Geist sind nicht immer dasselbe.
13.06.06

95. Den Teller gut festhalten, über seinen Rand schauen
und diesen dennoch halten,
dies mag *eine Art* der Weisheit sein.   24.06.06

96. Wo Leidenschaft ist, da ist auch Leistung,
gleich, welcher Art.   27.06.06

97. Die Wahrheit ist Liebe, die Wirklichkeit
Konkurrenz oder gar Hass.   03.07.06

98. Fliegen kostet nichts,
wenn man es geistig betreibt.   04.07.06

99. Komme zu Dir selbst,
dann kommst Du zu Gott.   04.07.06

100. Verzweiflung und Leidenschaft
liegen nah beieinander.   07.07.06

101. Zwischen Jugend und Alter scheint es
immer nur die Frage zu geben,
was denn nun gut, cool oder auch hip sei.
Die Frage, inwiefern diese Dinge eben
»nur« individuell und eben nicht
universell seien, wird ebenso gern
wie nachlässig beiseite gestellt.
Und damit ebenso die Frage nach der
Individualität eines Menschen überhaupt,
um ihn einem »Zeitgeist« oder einer –
irgendwie gearteten – »Universalität« zu opfern.
18.07.06

102. Chauvinismus verdirbt den Geist.   18.07.06

103. Suche nicht den Himmel,
     er liegt in Dir selbst.   16.08.06

104. *Schmerzen* sind der einzige fade Beigeschmack,
     den die Erkenntnis liefert. Sie liefert neben dem
     Unverständnis einer »normalen« Umwelt eben auch
     ein innigstes Verständnis mit der Welt entflohenen,
     hochgeistigen spirituellen und individualisierten
     Menschen, welche der Welt abgeschworen haben,
     um ein reines und aufrichtiges Leben zu führen.
     Insofern bleibt dieser fade Beigeschmack nur noch eine
     Reminiszenz an eine längst schon verlassene Welt,
     welche einem einst hatte die Leviten lesen wollen.
                                                    18.08.06

105. Die Liebe, die wir zwischen uns Menschen zu sehen
     glauben, ist eigentlich und im Kern die Liebe zu Gott.
                                                    22.08.06

106. Die gescheiterten Gescheiten
     scheiterten an ihrer Gescheitheit. (Ode to Enno)
                                                    21.09.06

107. Wer einen *Realismus* postuliert, fällt einer gewissen
     Resignation anheim und kapituliert damit
     vor den geistigen Fähigkeiten des Menschen. 13.10.06

108. Ein so genannter Realismus ist Flucht
     vor dem eigenen Inneren.   13.10.06

109. *Schmerzen* sind der untrügliche Beweis dafür,
     dass man noch *lebt*.   31.10.06

110. *Es* ist nicht so oder so, es *ist* so.   06.11.06

111. Erst wer den Glauben gänzlich verloren hat,
     kann zu einem echten finden.   Dez 06

112. Homo homini lupus?-
     Irrtum: Homo homini deus!   12.01.07

113. Man selbst zu bleiben,
     ohne dabei dogmatisch zu werden,
     dies ist eine der größten Herausforderungen
     an den Charakter.   18.01.07

114. Auch »Scheinwelten« sind Welten.   01.03.07

115. Seine Einsamkeit zu zelebrieren, ist weise
     und ethisch: Weise, da man sich endlich
     zu seiner Individualität bekennt, ethisch,
     da man andere weder mehr nach seinem
     Vorbilde zu formen wünscht,
     noch – umgekehrt – ihnen gleichen möchte. 10.03.07

116. Auch wenn Konventionen Bedeutungen
     nur suggerieren, so stellen sie dennoch
     eine unschätzbare Stütze der Psyche dar,
     selbst wenn ihre Erkenntnisfähigkeit
     auf das Emotionale beschränkt bleibt.   16.03.07

117. Die Wahrheit ist nur im Plural zu haben.   30.03.07

118. Die Freiheit endet dort, wo der Sinn
     des Anderen oder der Gesellschaft beginnt. 04.04.07

119. Die Suche nach der Wahrheit ist meist nichts anderes,
     als die nach einem Konsens oder einer Anerkennung,
     da die Kälte der einsamen Erkenntnis
     von den meisten nicht ausgehalten wird.   11.04.07

120. Zeitgeist ersetzt oftmals den Charakter.   15.05.07

121. Das meiste ist ein symbiotisch
     zu nennendes Geschäft, wahre Liebe
     zwischen Menschen ist nur sehr selten anzutreffen.
                                                   18.05.07

122. Wer den Geist erst einmal gekostet hat,
     kommt um Denkweisen wie den Solipsismus
     oder das Absurde kaum herum.   ~23.05.07

123. Einsamkeit ist keine Schande,
     sondern eine Auszeichnung.   18.06.07

124. *Freiheit* ist meist nur ein Gefühl,
     doch ein sehr wichtiges.   Juli 07

125. Das Charismatische wird ebenso oft beneidet,
     wie schlecht bezahlt.   03.08.07

126. Er zeigt Schwäche? – Irrtum:
     Er zeigt Menschlichkeit!   07.08.07

127. »Weiter, weiter!« sagen der Geist und der Charakter. –
»Zurück, zurück! Am besten in den Mutterschoß.« sagt die
Emotionalität. Wem ist da mehr zu trauen?!

16.08.07

128. Sich an *Maßstäben* zu orientieren,
ist ebenso diffizil wie unterwürfig:
Wer weiß schon genau, was die anderen wollen?
Am besten,
man schafft sich seine eigenen.   21.08.07

129. Wer nach der Wahrheit sucht,
sucht nach sich selbst.   27.08.07

130. Ich bin kein Philister,
ich bin »nur« Magister.   Irgendwann

131. Wer sich selbst wirklich wählt,
wird die Welt verlassen.   03.09.07

132. Liebe heißt: Loslassen können.   1989

133. Viele Menschen versuchen sich selbst
dadurch hervorzuheben, dass sie
die Schwächen anderer erwähnen.
Nur wenige haben das nicht nötig.   30.12.1989

134. Ach, Ihr Frauen! Was wisset Ihr schon von der
Kultur und Würde eines Mannes? –
Ihr bildet euch immer nur ein,
dessen Urheber zu sein.   23.11.07

135. Frauen hassen es, auf etwas festgelegt zu werden;
sie empfinden es als
ungerechtfertigte Einschränkung ihrer Person.

26.11.07

136. Gefühle machen schwach,
Gedanken machen stark.   1987

137. Frauen zeigen sich meist unfähig zur Philosophie:
Durch ihren Drang nach Neuem scheinen sie emotional
genötigt, ein besinnliches Sich-Rückbesinnen
zu verweigern. Sind sie durch diesen Mangel
an historischem Sinn überhaupt
einer *echten* Romantik fähig?   27./28.11.07

138. Wer die Welt wieder einmal und einmal mehr satt hat,
sollte sich einmal in Ruhe und ernsthaft fragen,
welcher Art die *Mächte* denn sind, welche ihm das Glück
seiner Welt verleiden.

11.12.07

139. Warum lügen denn die Weiber immerzu?
Können nicht auch sie einmal zugeben,
dass sie gewisse Schwächen haben?
Dass auch vielleicht einmal sie einem Manne
etwas zu verdanken haben?
Ist denn eine *Notlüge* besser,
als einfach einmal »Danke« zu sagen?   01.01.08, 2.30h

140. Kein Philosoph ist doof.   05.01.08

141. Wahre Kunst ist zeitlos.   18.01.08

142. Alles ist Nichts, und Nichts ist Alles.   04.02.08

143. Irgendwas fehlt immer.   12.02.08

144. Das Leben ist Scheiße,
     und wir stecken mittendrin.   Irgendwann

145. Glaube geht auch ohne Gott.   15.02.08

146. Ästhetik heilt besser
     denn jegliche Psychologie.   21.03.08

147. Liebe ist wie eine Asymptote:
     Treffpunkt im Unendlichen.   04.04.08

148. Entweder im Mittelpunkt stehen,
     oder das letzte Wort behalten.
     Es ist hart, ein »Mann« zu werden.   1987

149. Ich möchte jeden Tag aussuchen,
     damit ich mich wohl fühle.
     Dafür brauche ich viel Zeit. Oder Geld. -
     Am besten beides.   1987

150. Bei einer Aus-Geglichenheit kann es
     schon einmal aus sein mit den Eigenheiten
     eines Individuums.   17.04.08

151. Der *Zwang* zum Leben ist ein furchtbarer
und erbarmungsloser. Wäre es nicht schöner,
tot zu sein, um in Ruhe über all das allzu
Lebendige zu reflektieren?   05.05.08

152. Wenn die Schwer-Kopferten Mathematiker
ihre Logik auf Gebiete wie Psychologie
und Soziologie auszudehnen versuchen,
ist das Chaos perfekt.   13.05.08

153. »Ein Urteil ist eine Meinung!« - sagt der Skeptiker.
Doch auch das ist »nur« ein Urteil.
                                                18.09.08

154. Die Menschen sind unvollkommen.
Daher ist der Kampf um Anerkennung
mit ihnen sinnlos. –
Man sollte lieber mit Göttern kämpfen.   04.07.12

155. Freiheit ist auch Nacktheit.   14.11.12

156. Wem das Herz singt,
dem schweigt der Verstand.   05.12.12

157. Halbe Sachen halten länger.   21.12.12

158. Die Masse lebt aus der zweiten Reihe:
Genügsam im Goutieren der vorgefertigten Kultur.
Die Aufklärung ganz vergessen,
verharrt sie in dumpfer Genügsamkeit.   12.01.13

159. Wurzeln geben Halt, doch sie fesseln auch. 02.02.13

160. Im Jenseits erst von Vernunft und Emotion
     entsteht die wahre Menschlichkeit.   06.03.13

161. Ein breites Kreuz
     macht noch lange kein Rückgrat.   16.04.13

162. Emanzipation ist Sisyphosarbeit.   20.04.13

163. Ununterworfen und dennoch diszipliniert:
     Das ist die Quelle guter Kunst.   30.04.13

164. Ich verspreche nichts,
     ich verspreche »nur« mich.   29.05.13

165. Der Weise denkt seine Begrenztheit mit.   31.05.13

166. Nimm nichts für selbstverständlich, und sei
     dankbar für deine Gaben.
     Dies *ein* Weg zur Weisheit.   18.06.13

167. Nicht jeder Irrtum ist auch gleich ein Fehler.
     Erfahrungen zollen halt Tribut.   22.06.13

168. Mit dem Alter wachsen im besten Falle
     Güte, Geduld und Toleranz.
     Manchmal obsiegen jedoch im Gegenteil
     Borniertheit, Egoismus und Sturheit.   28.07.13

169. *Gegen Vergessen*

Die Menschen, welche versuchen, immerzu und
ausschließlich im Hier und Jetzt zu leben, werden früher
oder später in eine Sackgasse geraten. Es ist die Sackgasse
der Verleugnung ihrer persönlichen Historizität sowie die
ihrer Kommunikationen.
Es ist zwar allemal wahr, dass diese ihre Wurzeln sie zu
fesseln vermögen, doch was wäre ein Baum ohne Wurzeln?
So ist denn das romantische Motiv der Rückbesinnung
keineswegs ausschließlich mit dem der Sehnsucht
gleichzusetzen.

12.10.13

170. Manche Seelen sind so stumpf, dass sie nicht einmal zu
Empfindungen wie Stolz oder Neid fähig sind.

13.10.13

171. *Armut beneiden*

Schon so manch allzu heller Geist kam dahin, aufrichtig
und ehrlich jene zu beneiden, welche ihr Leben zwar
unreflektiert, jedoch gerade dadurch gut und wohlfeil zu
bewältigen imstande sind.

13.10.13

172. Gott in den Menschen suchen:
Dies das höchste Lob der Unzulänglichkeit.

13.10.13

173. Bei wem sollte man *ankommen*, außer bei sich selbst?

10.12.13

174. Dialektisch denken, heißt Komplexität erfassen, nicht
reduzieren.

10.12.13

175. Mit Gott verhält es sich so, wie mit Verdrängung:
Mit ihm geht es nicht, ohne ihn aber auch nicht.

18.12.13

176. Mit dem Alter
Immer mehr Herr geworden
Über das eigene Leben,
Findet man sich wieder
In freier Orientierungslosigkeit.   20.12.13

177. Eine Konvention
Gerät erst dann
Zu ihrer wahren Bedeutung,
Wenn sie freien Herzens
Und freien Geistes
Eingegangen wird.   20.12.13

178. Wahrheit, Schönheit, Liebe: Diese drei zugleich
anzustreben, führt unweigerlich in den Tod.
(Ode to Burghard Damerau)

01.02.14

179. Wo die Leidenschaft beginnt,
da ist der Wahn nicht allzu fern.   05.05.14

180. Der Frauen Freund,
     Frauen-Versteher,
     Frauenfeind!
     Was macht es in der Sache???
     Erst was mann gut versteht,
     Kann mann lieben... -
     Oder auch - hassen!

05.08./27.08.14

181. Die Liebe sollte der Seele keine Fesseln anlegen,
     sie sollte ihr Flügel verleihen.

08.09.14

182. Liebe will nicht ausgesprochen, sondern gelebt sein.

16.09.14

183. Glücklich sein bedeutet
     nicht immer auch erfüllt sein;
     Die meisten Menschen erwarten zu viel.   13.10.14

184. Der Hass auf
     Oder
     Zumindest die Gegnerschaft zu
     Naturwissenschaftlich denkenden Menschen
     Schränkt den Geisteswissenschaftler
     Ein
     Und schadet ihm und behindert ihn
     Im
     Dialektischen Denken.

07.12.14

185. Auch eine sonst und anderwärtig hoch gelobte und
angesehene Gescheitheit sollte eine Person nicht zu
Humorlosigkeit verleiten.

25.12.14

186. Differenzen und Individualitäten zu berücksichtigen,
darin besteht *ein* Weg zur Menschlichkeit.

25.12.14

187. Frei erst der,
Der die Mauern
Des eigenen Daseins
Zu ignorieren weiß.

29.12.14

188. Menschen sind nicht gerecht,
Menschen sind menschlich.

19.01.15

189. Wo nichts mehr sicher ist,
Beginnt die Freiheit
Der Ästhetik
Und des Gefühls.

04.02.15

190. Dem schöpferischen Prozess
ist nichts so eigen wie das *Gefühl*,
in Freiheit zu schaffen.

04.02.15

191. Es gibt keinen besseren Berater,
als das eigene Gewissen.

22.02.15

192. Es existiert eine Art Einfachheit bei Menschen,
     welche »Dummheit« zu nennen sich verbietet;
     ist sie doch auf ihre Weise der zögerlichen Gescheitheit
     so manches Gelehrten nicht unerheblich überlegen.

                                        04.05.15

193. Die geistigen Zustände des künstlerischen Schaffens und
     des Wahns sind verwandt, wenn nicht gar Zwillinge;
     so ist denn schon so manch' posthum als Künstler
     anerkanntes Individuum in *seiner Zeit* schlicht als Irrer
     verkannt worden.

                                      18.05.15

194. Die Kunst ist Gott, der Wahnsinn ist Gott,
     die Liebe, zur Leidenschaft entartet:
     Auch sie ist »GOTT«!!!   18.05.15

195. Armut stärkt den Charakter.   Juli 2015

196. Wissen macht einsam.   17.07.15

197. Einzig die Aussicht auf Geist und Kunst lässt uns
     die Profanitäten des Lebens ertragen.

                                      04.09.15

198. Der Realist sollte tunlichst acht geben, dass ihm
     nicht unbemerkt der Zynismus die Hand reicht.

                                      08.10.15

199. Chauvinismus blendet und verdeckt.
     Frauen steht er besonders schlecht.   03.11.15

200. Wie wird man ein guter Philosoph?
Man stelle die falschen Fragen
zur richtigen Zeit.   03.11.15

201. Der edelste Triumph
besteht in der Bezähmung der Gelüste.   03.01.16

202. Den Löffel, mit dem so Mancher
die Wahrheit gefressen hat,
sollte er besser abgeben.   18.01.16

203. Wenn die Sau bemerkt, dass ihr Perlen
vorgeworfen werden, ist schon etwas gewonnen.
                                             08.02.16

204. Einer der ärgsten Feinde des Charakters
ist die Gefallsucht.
                                             06.03.16

205. Der Sinn des Lebens liegt
in der Erkenntnis der Unsicherheit   27.04.16

206. Wer da denkt, die Kunst verbinde, irrt:
Gerade hier gibt es die größten
Missverständnisse und Differenzen.   06.05.16

207. Es ist nicht immer das beste Feuer,
bei dem die Flammen hoch schlagen.   06.05.16

208. Das Sein einfach sein lassen:
Ohne zersetzende Analyse oder
entwürdigende Krittelei Menschen
und Dinge nehmen, wie sie sind.
Dies sei weise.   06.06.16

209. Alle haben auf ihn gewartet,
doch niemand hat mit ihm gerechnet.   24.06.16

210. Quäle niemals meine Seele,
Denn sie lauthals schreit
Immer nach Gerechtigkeit.   04.07.16

211. Wem sein Stein des Anstoßes zu
seinem Stein der Weisen wird,
hat etwas gelernt.   15.07.16

212. In der Berechenbarkeit des Menschlichen
liegt das Ende und der Tod der Individualität,
der Kreativität und der Leidenschaft.   19.08.16

213. Der Fetisch der Berechenbarkeit,
zur Ideologie entartet, scheint in unserer Zeit
Bahn sich brechen zu wollen in die Seelen
der naiv unbescholtenen Bürger. Noch der
letzte Rest an black box und Privatsphäre
fällt der positivistischen Ausleuchtung
zum Opfer.   20.08.16

214. Warum die Weiber ernst nehmen?
Durch ihren Mangel an Humor und
Erinnerungsvermögen beweisen sie
ein ums andre Mal ihre Charakterlosigkeit,
welche sie selbst als Zierde ihres Gemüts
zu verkaufen wissen.

11.09.16

215. Wenn kleine Kunst zur großen Kunst wird,
scheint ein Ziel erreicht. 09.11.16

216. Furcht vor Alter und Tod ist eine Jugendtorheit.

12.11.16

217. Erst der nackte Geist spricht wahr. 20.12.16

218. Wahrheit versteckt sich hinter der Sprache. 15.02.17

219. Es liegt ein Sinn in der Dummheit. Es ist der,
schlau zu handeln aus Erfahrung,
nicht aus Reflexion. 24.03.17

220.